3年の復習①

1 次の——線の読み方を書きましょう。

① 日本の寺院［　　］について学［　　］

② 大皿［　　］の中に、一つぶの豆［　　］が入っている。

③ 自分の意見［　　］を発表［　　］する。

④ 花の世話［　　］をする係［　　］になった。

2 次の漢字を書きましょう。＊（　）は送りがなも書きましょう。

① 物語の□□《だいめい》を（　　）《きめる》。

② □□《しゅっけつ》がはげしいので□□《しんぱい》した。

③ この□□《へや》は、とても（　　）《あつい》。

④ □□《びょうき》になったので、□□《いしゃ》にかかる。

⑤ 強い（　　）《くるしみ》を□《かん》じた。

正かい18問中　問　合かく15問

答えは89ページ

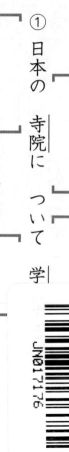

LESSON 2

3年の復習 ②

正かい18問中　合かく15問　問　月　日

1 次の——線の読み方を書きましょう。

① 旅先で［　　］すっかり　有り金を［　　］使いはたした。

② かりて　いた　本を、持ち主に［　　］返す。［　　］

③ 仕事を［　　］着々と　進める。［　　］

④ 屋外は［　　］とても　寒い。［　　］

2 次の漢字を書きましょう。

① ペットの□《し》を（　　《かなしむ》）。

② □□《かいがん》で貝がらを（　　《ひろう》）。

③ □□□《じどうしゃ》がものすごい（　　《はやさ》）で走る。

④ 近くの□《えき》まで、妹を（　　《おくる》）。

⑤ けい事が□□《あくにん》を（　　《おう》）。

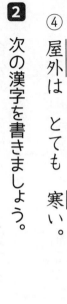

LESSON 3

3年の復習③

1 次の――線の読み方を書きましょう。

① 流氷［　　］を　きれいに　写真［　　］に　とる。

② 商品［　　］は、一つのこらず　出荷［　　］した。

③ 日記帳［　　］に　書かれて　いた　ことを　調［　　］べる。

④ この　詩［　　］は、一種《いっしゅ》の　暗号［　　］に　なって　いる。

2 次の漢字を書きましょう。

① この□□《ていえん》は、とても（　　）《うつくしい》。

② □□《しょくぶつ》には、□□《きゅうこん》を作るものがある。

③ □□《むかし》のままの方法《ほうほう》を（　　）《まもる》。

④ □□《ほか》のかのうせいを□□《よそう》する。

⑤ □□《べんきょう》のやり方を、先生に□□《そうだん》する。

正かい
18問中
問／合かく15問

答えは89ページ

LESSON 4

3年の復習 ④

正かい 18問中　　問　合かく15問　　月　日

1 次の――線の読み方を書きましょう。

① 区役所［　　］に　問［　　］い合わせる。

② 二階［　　］から　湖［　　］を　ながめる。

③ 宿屋［　　］の　まどから　鉄橋［　　］が　見えた。

④ 列車［　　］で　いろいろな　土地を　旅［　　］する。

2 次の漢字を書きましょう。

① □□《どうわ》を読むと、心が（　　　）《やすらぐ》。

② この□□《きんこ》は、とても（　　　）《おもい》。

③ 知らないふりをして□《よこ》を（　　　）《むいた》。

④ 森の木の□《は》は、美しい□□《みどりいろ》をしていた。

⑤ □□《しきじょう》を□《ぎん》のテープでかざる。

3年の復習 ⑤

正かい 18問中 問 合かく15問

1 次の——線の読み方を書きましょう。

① 笛の えんそうでは 第一級の 人物だ。
[ ] [ ]

② 本番までの 期間が とても 短い。
[ ] [ ] [ ]

③ 父は 九州の 北部の 出身です。
[ ] [ ] [ ]

④ 毛筆で 名前と 住所を 書く。
[ ] [ ]

2 次の漢字を書きましょう。

① □《いのち》をかけて □□《しょうぶ》をする。

② お□《みや》の周《まわ》りには、□□《むぎばたけ》が広がっている。

③ □《みなと》に、たくさんの船が（　　）《あつまる》。

④ （　　）《あたたかい》スープを（　　）《のむ》。

⑤ □□《あいて》が強すぎて、とても□《は》が立たない。

答えは89ページ

LESSON 6

3年の復習 ⑥

正かい 18問中　　問　合かく 15問　　月　日

1 次の――線の読み方を書きましょう。

① 投手［　　］が 投げた ボールを 打者［　　］が 打つ。

② 研究［　　］に、ありったけの 力を 注［　　］ぐ。

③ おさない子が 羊［　　］と 草原で 遊［　　］んで いる。

④ 友人から き重な 助言［　　］を 受［　　］けた。

2 次の漢字を書きましょう。

① 父の□□《うんてん》する車に（　　）《のる》。

② □□□《ぶんかさい》の実行□□《いいん》になる。

③ □□《きょねん》から□□《じんじゃ》めぐりを始めた。

④ □□《れんしゅう》の時間を□□《にばい》にふやした。

⑤ 遠くに見える□《しま》を目指して（　　）《およぐ》。

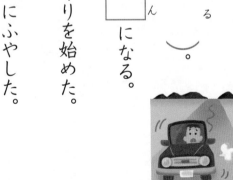

LESSON 7

漢字を読もう

位・億・健・候・佐・借

正かい12問中　問／合かく10問

①　位の高い人。

②　王位につく。

③　一億円を手に入れる。

④　億万長者になる。

⑤　健全な精神《せいしん》が宿る。

⑥　体がとても健康《こう》だ。

⑦　天候にめぐまれる。

⑧　時候のあいさつ。

⑨　佐賀《が》県に住む。

⑩　大佐が部下に命令《めいれい》する。

⑪　本を借りる。

⑫　借金をせずにすませる。

チェックポイント

「亻」（にんべん）は、人の様子や行動に関係《かんけい》があることを表します。

「候」の三画目をわすれないように注意しましょう。

答えは89ページ

LESSON 8

漢字を書こう

①　□《さ》賀《が》県へ行く。

②　十の□《くらい》。

③　□□《おくまん》の人々。

④　軍《ぐん》の□□《ちゅうさ》。

⑤　（　）《かり》を返す。

⑥　□□《きこう》がよい。

⑦　□□《いちおく》もの人。

⑧　本を□□《しゃくよう》する。

⑨　両親とも□《けん》在《ざい》だ。

⑩　□□《ほうい》磁《じ》石《しゃく》。

⑪　立□《こう》補《ほ》する。

⑫　□□《しゃくや》に住む。

⑬　□□《きぐらい》が高い。

⑭　保《ほ》□《けん》室。

正かい 14問中　問　合かく 11問

月　日

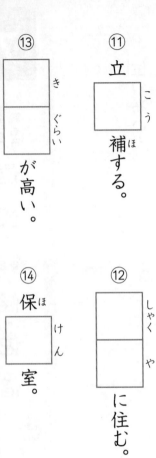

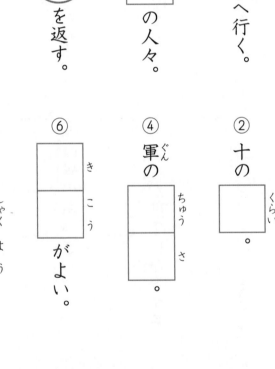

LESSON 9

漢字を読もう
信・側・仲・低・伝・働

正かい12問中　問　合かく10問

① 自分の力を信じる。［　　　］

② 信心深い人。［　　　］

③ 右側の席《せき》。［　　　］

④ 箱の側面に字を書く。［　　　］

⑤ 仲のよい二人。［　　　］

⑥ 仲間に会う。［　　　］

⑦ 頭を低くする。［　　　］

⑧ 低学年の子。［　　　］

⑨ 後世に伝える。［　　　］

⑩ 伝言ゲームをする。［　　　］

⑪ 母は働き者だ。［　　　］

⑫ 労《ろう》働時間が短い。［　　　］

チェックポイント

「低」の最後の横画をわすれずに書きましょう。

低
わすれない

⑫「働」と「動」の使い分け
・働…労働・実働
・動…活動・運動

答えは89ページ

LESSON 10

漢字を書こう

正かい14問中　　問　合かく11問

月　日

① よく（　　）《はたらく》。

② □□《でんき》を読む。

③ 気温の□□《ていか》。

④ □《なか》直りをする。

⑤ □□《しんごう》を見る。

⑥ □□□《あいてがわ》。

⑦ 正しく（　　）《つたえる》。

⑧ □□《ていくう》飛《ひ》行《こう》。

⑨ □《なか》よしになる。

⑩ □□《しんよう》する。

⑪ 声が（　　）《ひくい》。

⑫ 王の□□《そっきん》。

⑬ 重労《ろう》□《どう》の仕事。

⑭ 話が（　　）《つたわる》。

LESSON 11

漢字を読もう

付・便・例・改・散・敗

① はでな色が目に付く。［　　］

② ごみが付着する。［　　］

③ 便利《り》な世の中。［　　］

④ 学級便りを読む。［　　］

⑤ 例えばの話。［　　］

⑥ 例を挙《あ》げる。［　　］

⑦ 考えを改める。［　　］

⑧ 悪人が改心する。［　　］

⑨ 部屋を散らかす。［　　］

⑩ 熱の発散をうながす。［　　］

⑪ 戦いに敗れる。［　　］

⑫ 敵《てき》に敗北する。［　　］

正かい　　12問中　　問　　合かく10問

チェックポイント

①「付く」と「着く」の使い分け
・付く…くっつくこと。
・着く…とう着すること。

「改」の左の部分は、「㇆ ↓コ ↓己」と、三画で書きます。

答えは90ページ

LESSON 12

漢字を書こう

① 気を（　　）《つける》。

② 風の（　　）《たより》。

③ □□《しょうはい》を分ける。

④ 郵《ゆう》□《びん》を出す。

⑤ 葉が（　　）《ちる》。

⑥ 資料《しりょう》の□□《そうふ》。

⑦ 法律《ほうりつ》の□□《かいせい》。

⑧ □□□《ぐたいれい》。

⑨ 交通の□《べん》がよい。

⑩ （　　）《たとえ》話。

⑪ 制度《せいど》が（　　）《あらたまる》。

⑫ □□《さんぽ》する。

⑬ 試合《しあい》に（　　）《やぶれる》。

⑭ □□《れいねん》通り。

正かい 14問中　問　合かく11問

月　日

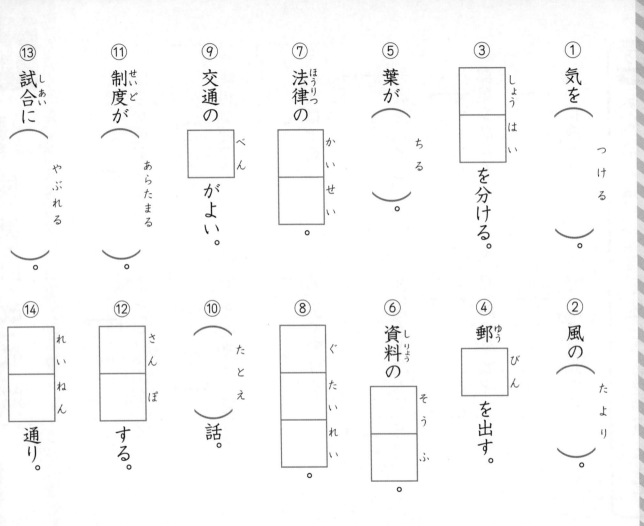

LESSON 13

漢字を読もう 械・機・極・材・札・松

正かい 12問中 問 合かく10問

① 測定《そくてい》器《き》械を使う。

② 大型《おおがた》の工作機械。

③ よい機会を待つ。

④ 機内食を食べる。

⑤ 南極に行ってみたい。

⑥ 極力静《しず》かにする。

⑦ 材木が不足《ふそく》する。

⑧ 記者が取材をする。

⑨ 名札をつける。

⑩ 表札を出す。

⑪ 海岸ぞいの松林。

⑫ 松竹梅《ばい》のかざり。

チェックポイント

「木」(きへん)は、木に関《かん》係《けい》があることを表します。

①「器械」と②「機械」の使い分け
・器械…単純《たんじゅん》で動力がないもの。
・機械…複雑《ふくざつ》で動力があるもの。

答えは90ページ

LESSON 14

漢字を書こう

①大きな□□《きかい》。

②□□《きょくど》の不安《ふあん》。

③よい□□《じんざい》だ。

④□□□《せんえんさつ》を出す。

⑤学校の□□《きょうざい》。

⑥□□□《きどうりょく》。

⑦器《き》□《かい》体操《たいそう》の選手《せんしゅ》。

⑧□□《ほっきょく》熊《ぐま》を見る。

⑨□《まつ》を植える。

⑩□□□《かいさつぐち》。

⑪□□《もくざい》の用意。

⑫お□《ふだ》をはる。

⑬日本の□□《きょくち》。

⑭□□《しょうちく》梅《ばい》。

正かい 14問中
問 合かく 11問
月 日

漢字を読もう

栃・梅・標・梨・種・積

正かい12問中　問　合かく10問

① 栃木県を旅する。［　］

② 梅の花がさく。［　］

③ すっぱい梅ぼし。［　］

④ 美しい紅《こう》梅の花。［　］

⑤ 標語を作る。［　］

⑥ 目標をかかげる。［　］

⑦ 父は山梨県出身だ。［　］

⑧ ずっと梨のつぶてだ。［　］

⑨ アサガオの種。［　］

⑩ 草花の種子。［　］

⑪ 積み木で遊ぶ。［　］

⑫ 都心で積雪する。［　］

チェックポイント

「標」の右側を「栗」としないように注意しましょう。

「種」「積」の部首の「禾」（のぎへん）は、穀物《こくもつ》に関係《かんけい》があることを表します。

答えは90ページ

LESSON 16

漢字を書こう

正かい 14問中　　問／合かく11問　　月　日

① 問題が□□《さんせき》する。

② □□《とちぎ》県の出身。

③ 植物の□□《ひょうほん》。

④ □《たね》あかしをする。

⑤ □□《ばいう》前線。

⑥ 荷物を（　《つむ》　）。

⑦ □□《うめしゅ》を作る。

⑧ 食後に□《なし》を食べる。

⑨ 運動会の□□《しゅもく》。

⑩ 高い□□《しひょう》。

⑪ □□《やまなし》県の名産《めいさん》。

⑫ □《うめ》の花言葉。

⑬ □□《しょうひょう》登録《とうろく》をする。

⑭ 台形の□□《めんせき》。

LESSON 17

漢字を読もう 貨・賀・焼・灯・児・兆

正かい 12問中 問 合かく 10問

① 貨物列車が走る。［　］

② 百貨店での買い物。［　］

③ 滋《し》賀県に住む。［　］

④ きん賀新年。［　］

⑤ 焼き肉が好《す》きだ。［　］

⑥ 日焼けする。［　］

⑦ 庭に外灯を設置《せっち》する。［　］

⑧ 灯火に集まる虫。［　］

⑨ 児童公園で遊ぶ。［　］

⑩ 多くの男児が集まる。［　］

⑪ 病気の兆候。［　］

⑫ 億兆の人民《じんみん》の心。［　］

チェックポイント

「貨」「賀」の部首の「貝」（かい）は、お金に関係《かんけい》があることを表します。

「兆」の筆順《ひつじゅん》は、「丿→丿→㇒→兆→兆→兆」です。

答えは90ページ

LESSON 18

漢字を書こう

正かい 14問中　問　合かく 11問

月　日

① □□《きんか》を買う。

② □□《ねんが》状《じょう》を送る。

③ □□《ぜんちょう》を感じる。

④ かわいい幼《よう》□《じ》。

⑤ 木を（　《やく》　）。

⑥ □□《しょうとう》時間を守る。

⑦ □□《さが》県。

⑧ □□□《いっちょうえん》の予算。

⑨ □□《かしゃ》が通る。

⑩ 魚が（　《やける》　）。

⑪ ライトの□□《てんとう》。

⑫ □□《いくじ》をする。

⑬ □□《とうだい》の光。

⑭ 赤い夕（　《やけ》　）空。

まとめテスト ①

正かい　18問中　問　合かく15問

1 次の――線の読み方を書きましょう。

① テストの　例題［　　］を、少し　改［　　］める。

② 教え子たちの　健全［　　］な　成長《せいちょう》を　信［　　］じる。

③ 花の　種［　　］が　地面［　　］に　散［　　］らばる。

④ 母に　便［　　］りを　出して、様子［　　］を　伝［　　］える。

2 次の漢字を書きましょう。

① □□□□《いちおくえん》も（　　　）《かりる》。

② 火事で□□《ざいもく》が（　　　）《やける》。

③ □□《さが》県の工場で（　　　）《はたらく》。

④ □□《かもつ》を□□《とちぎ》県まで運ぶ。

⑤ □□《じどう》たちは、みな□《なか》がよい。

答えは90ページ

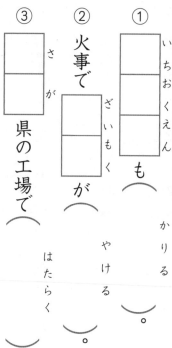

LESSON 20

まとめテスト ②

1 次の――線の読み方を書きましょう。

① 山梨県［　　］に 旅行中、梅［　　］の 花を 見た。

② 機械［　　］を 正しい 位置《ち》［　　］に 置《お》く。

③ 大きな 本箱の 側面［　　］に 標語［　　］を 書いた。

④ この 付近［　　］に、大きな 松［　　］の 木が ある。

2 次の漢字を書きましょう。

① □□《でんとう》の光で、□□《なふだ》の文字を読む。

② □□《しょうはい》より、経験《けいけん》を（　　）《つむ》ことが大切だ。

③ 気温が□□《ていか》する□□《ぜんちょう》があった。

④ これは□□《でんごん》ゲームの□□《いっしゅ》だ。

⑤ □□《ほっきょく》の□□《きこう》はきびしい。

正かい 18問中　　問／合かく 15問　　月　　日

漢字を読もう　潟・泣・漁・治・滋・清

正かい12問中　問／合かく10問

① 新潟県へ行く。［　　］

② 干《ひ》潟で遊ぶ。［　　］

③ 女の子が泣く。［　　］

④ 泣き顔を手でかくす。［　　］

⑤ 大きな漁船。［　　］

⑥ 今日は大漁だ。［　　］

⑦ きずが治った。［　　］

⑧ 自治体の活動。［　　］

⑨ 王が国を治める。［　　］

⑩ 滋賀県に旅行する。［　　］

⑪ 手を清める。［　　］

⑫ 美しい清流。［　　］

チェックポイント

「氵」（さんずい）は、水や液体に関係《かんけい》があることを表します。

③「泣く」と「鳴く」の使い分け

・泣く…人がなく。

・鳴く…鳥やけものがなく。

答えは91ページ

LESSON 22

漢字を書こう

正かい14問中　問　合かく11問

月　日

① □□《しが》県に住む。

② 遠洋□□《ぎょぎょう》。

③ 妹が（　）《なく》。

④ □□《にいがた》県の米。

⑤ 病気が（　）《なおる》。

⑥ 作文の□□《せいしょ》。

⑦ 姉の（　）《なき》まね。

⑧ 干《ひ》□《がた》の生き物。

⑨ 海へ□《りょう》に出る。

⑩ 心が（　）《きよい》人。

⑪ 領地《りょうち》を（　）《おさめる》。

⑫ □□《ちあん》がよい。

⑬ 広い□□《ぎょじょう》。

⑭ （　）《きよらか》な水。

漢字を読もう 浅・沖・法・満・浴・冷

正かい 12問中 問　合かく10問

① この池は浅い。［　　］

② 沖縄《なわ》県の海。［　　］

③ 沖のほうまで泳ぐ。［　　］

④ おぼうさんの法話。［　　］

⑤ 法外な値《ね》段《だん》がつく。［　　］

⑥ 海のしおが満ちる。［　　］

⑦ 満開の花。［　　］

⑧ 水浴びをする。［　　］

⑨ 海水浴の季《き》節《せつ》。［　　］

⑩ 冷たい水。［　　］

⑪ スイカを冷やす。［　　］

⑫ 冷蔵《ぞう》庫に保《ほ》管《かん》する。［　　］

チェックポイント

「浅」の最後《さいご》の点をわすれないようにしましょう。

浅　わすれない

「冷」の部首の「冫」（にすい）は、「氷」に関係《かんけい》のあることを表します。

答えは91ページ

LESSON 24

漢字を書こう

正かい 14問中 問 合かく11問

月 日

① 空気が（　）《つめたい》。

② とても□□《まんぞく》する。

③ □□《ほうじ》に出る。

④ 海の□《おき》のほう。

⑤ □□《かんれい》な気候。

⑥ （　）《あさい》考え。

⑦ 月が（　）《みちる》。

⑧ □□《おきあい》漁業。

⑨ 光を（　）《あびる》。

⑩ □《あさ》黒いはだ。

⑪ 正しい□□《さほう》。

⑫ 広い□□《よくしつ》がある。

⑬ 体が（　）《ひえる》。

⑭ □□《まんいん》電車。

漢字を読もう　各・器・司・周・倉・令

正かい　12問中　問　合かく10問

① 各自で用意する。［　　］

② 各紙いっせいの報道《ほうどう》。［　　］

③ 電気の器具。［　　］

④ 器械体操《たいそう》をする。［　　］

⑤ 司会をまかされる。［　　］

⑥ 図書館司書の仕事。［　　］

⑦ 口の周りをふく。［　　］

⑧ 地球を一周する。［　　］

⑨ 米倉をたてる。［　　］

⑩ 倉庫にしまう。［　　］

⑪ 命令にしたがう。［　　］

⑫ 号令をかける。［　　］

チェックポイント

「各」「器」「司」「周」の部首は「口」（くち）です。

⑦「周り」と「回り」の使い分け
・周り…周囲《しゅうい》。
・回り…まわること。

答えは91ページ

LESSON 26

漢字を書こう

① すもうの□□《ぎょうじ》。

② □□□《じゅわき》。

③ □□《かくち》の名産《めいさん》。

④ 大きな□《くら》。

⑤ □□《しれい》官《かん》になる。

⑥ □□《がっき》のえんそう。

⑦ □□《しゅうち》の事実。

⑧ □□《かくえき》停車《ていしゃ》を待つ。

⑨ 家の（　　）《まわり》。

⑩ 有名な穀《こく》□《そう》地帯《ちたい》。

⑪ 会社の□□《じょうし》。

⑫ □□《ほうれい》を出す。

⑬ □□《しょっき》をわる。

⑭ □□□《いっしゅうねん》記念《きねん》。

①の「ぎょうじ」は
すもうのしんぱんを
する人だよ。

正かい 14問中 問 合かく 11問

月 日

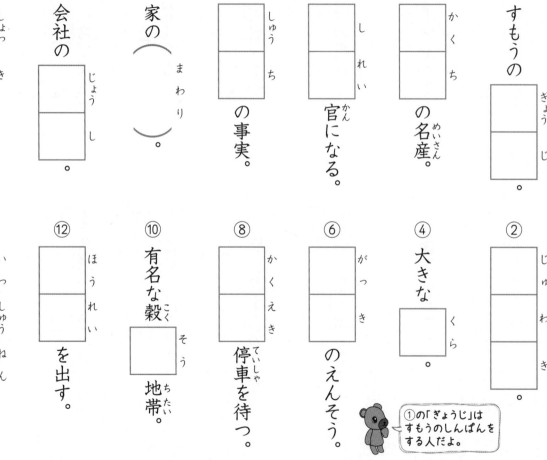

LESSON 27

漢字を読もう

案・栄・果・束・末・未

① 客を案内する。 [　　]

② かれの身を案じる。 [　　]

③ かつて栄えた町。 [　　]

④ 栄光のトロフィー。 [　　]

⑤ お金を使い果たす。 [　　]

⑥ たくさんの果実。 [　　]

⑦ バラの花束。 [　　]

⑧ 約《やく》束の時間。 [　　]

⑨ 十二月の末。 [　　]

⑩ 週末はいそがしい。 [　　]

⑪ 明るい未来。 [　　]

⑫ 日時は未定だ。 [　　]

正かい12問中　問　合かく10問

チェックポイント

「栄」の一～三画目の向きに注意しましょう。

栄　向きに注意

「末」と「未」は横画の長さで書き分けましょう。

末
未

答えは91ページ

LESSON 28

漢字を書こう

正かい 14問中　　問　合かく 11問　　月　　日

① 江戸《えど》時代の□□《まっき》。

② 国が（　　）《さかえる》。

③ □□《あんがい》簡単《かんたん》だ。

④ □□《みかい》の地。

⑤ 事態《じたい》の収《しゅう》□《そく》。

⑥ 妹は□《すえ》っ子だ。

⑦ 役目を（　　）《はたす》。

⑧ □《えい》養《よう》がかたよる。

⑨ 研究の成《せい》□《か》。

⑩ かみを（　　）《たばねる》。

⑪ □《み》然《ぜん》にふせぐ。

⑫ □□《とうあん》を書く。

⑬ 世界の（　　）《はて》。

⑭ □□《ひとたば》の花。

LESSON 29

漢字を読もう

給・結・縄・続・約・要

正かい12問中　問　合かく10問

① 給食の時間。［　］

② 月給をもらう。［　］

③ ひもを結ぶ。［　］

④ 地元に集結する。［　］

⑤ 沖縄県への旅行。［　］

⑥ 縄ばしごを登る。［　］

⑦ 勉強を続ける。［　］

⑧ 長く持続する。［　］

⑨ 人口は約二万人だ。［　］

⑩ ホテルを予約する。［　］

⑪ 要となる人物。［　］

⑫ 重要な書類《しょるい》。［　］

チェックポイント

「糸」（いとへん）は、糸やおり物に関係《かんけい》があることを表します。

⑪「要」とは、大切な部分のことです。

答えは91ページ

LESSON 30

漢字を書こう

① 映画の□《ぞく》編《へん》。

② □□《おきなわ》県の出身。

③ 物語の□□《けつまつ》。

④ □□□《きゅうすいしゃ》を待つ。

⑤ 話の（　）《つづき》。

⑥ □□《やくそく》する。

⑦ □《なわ》とびをする。

⑧ 問題の□□《ようてん》。

⑨ 食料《しょくりょう》の□□《はいきゅう》。

⑩ ひもを（　）《むすぶ》。

⑪ 意見の□□《しゅうやく》。

⑫ 組織《そしき》の□《かなめ》。

⑬ 戦争《せんそう》の□□《しゅうけつ》。

⑭ 読書を（　）《つづける》。

正かい 14問中　問　合かく 11問

月　日

漢字を読もう　共・典・兵・飛・群・養

正かい 12問中　　問　合かく 10問

① 共に歩む。［　　］

② 共同で発表する。［　　］

③ 百科事典をそろえる。［　　］

④ 兵庫県を通る。［　　］

⑤ 外国に出兵する。［　　］

⑥ 空を飛びたい。［　　］

⑦ 飛行機に乗る。［　　］

⑧ 小さな魚の群れ。［　　］

⑨ 群馬県へ行く。［　　］

⑩ 鳥の大群を見る。［　　］

⑪ 家族を養う。［　　］

⑫ 子どもを養育する。［　　］

チェックポイント

「飛」の筆順は、「⺄→⺄→⺄→⺄→⺄→⺄→飛→飛→飛」です。

「群」の部首は、「羊」（ひつじ）です。

答えは91ページ

LESSON 32

漢字を書こう

① □□《ぐんま》県に着く。

② □《とも》に行こう。

③ □□《へいりょく》の差《さ》。

④ 平和の□□《さいてん》。

⑤ 鳥が（　《とぶ》　）。

⑥ □□《ぐんしゅう》心理が働く。

⑦ 兄弟で□□《きょうゆう》する。

⑧ 子を（　《やしなう》　）。

⑨ 記念《きねん》□□《しきてん》に出る。

⑩ 鳥の□□《ひらい》。

⑪ 近代の□□《へいき》。

⑫ 土の□□《ようぶん》。

⑬ ヤギの（　《むれ》　）。

⑭ □□《きょうかん》する。

正かい 14問中　問　合かく 11問

月　日

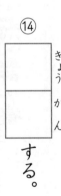

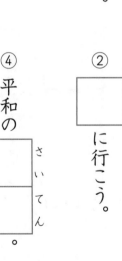

LESSON 33

まとめテスト③

1 次の――線の読み方を書きましょう。

① イカ漁［　　］を　しようと、沖［　　］へ　船を　出す。

② 使った　食器［　　］を　清流［　　］で　くんだ　水で　あらう。

③ 治安［　　］を　守る　ための　名案［　　］が　生まれた。

④ 新潟県［　　］の　有名な　海水浴場［　　］で　遊んだ。

2 次の漢字を書きましょう。

① □□《しが》県に行けたので、□□《まんぞく》だ。

② □□《こてん》の勉強を（　　　）《つづける》。

③ □□《やくそく》通り、□□《けっか》を出した。

④ □□《めいれい》で□《へい》隊《たい》は前進した。

⑤ だれが□□《しかい》をするかは□□《みてい》だ。

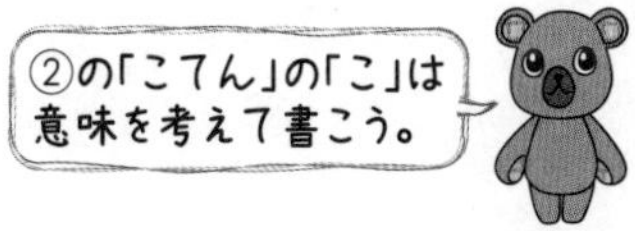

正かい
18問中
問／合かく15問

答えは92ページ

LESSON 34 まとめテスト ④

正かい18問中　　問／合かく15問　　月　　日

1 次の——線の読み方を書きましょう。

① 飛行機［　　］に 乗って 家族で 沖縄［　　］へ 行く。

② 県内の 各地［　　］に 害虫《がいちゅう》の 大群［　　］が 発生した。

③ 泣［　　］いて いる 子の 周［　　］りに 人が 集まった。

④ 効果《こうか》は、月末［　　］まで 持続［　　］する はずだ。

2 次の漢字を書きましょう。

① □□《そうこ》の中の空気は（　　）《つめたい》。

② 二人で□《とも》に□□《えいこう》をつかもう。

③ 川が（　　）《あさい》のなら、わたる□□《ほうほう》はある。

④ （　　）《きよらか》な心を（　　）《やしなう》。

⑤ □□□《きゅうすいしゃ》は、□□《じゅうよう》な働きをした。

岡・岐・崎・阜・季・孫

正かい 12問中 問 ／ 合かく10問

① 岡山県の名物。［　　］

② 福岡県に行く。［　　］

③ 分岐路に立つ。［　　］

④ 岐阜県でくらす。［　　］

⑤ 長崎県を旅行する。［　　］

⑥ 宮崎県の名所。［　　］

⑦ 季節《せつ》のかわり目。［　　］

⑧ 雨季に入る。［　　］

⑨ 冬季オリンピック。［　　］

⑩ 日本の四季。［　　］

⑪ 三人の孫がいる。［　　］

⑫ 子孫に伝える。［　　］

チェックポイント

「季」の部首は「子」（こ）、「孫」の部首は「子」（こへん）です。

字形のにている「季」と「委」を書き分けられるようにしましょう。

季　委

答えは92ページ

LESSON 36

漢字を書こう

① □《まご》が生まれる。

② □□《ぎふ》県に来た。

③ □□《ながさき》県の名産。

④ □《まご》の手をわたす。

⑤ □□《おかやま》県の出身。

⑥ はいくの□□《きご》。

⑦ 静《しず》□《おか》県に行く。

⑧ 多くの□□《しそん》。

⑨ □□《しき》おりおり。

⑩ □□《みやざき》県の知事。

⑪ 道が□□《ぶんき》する。

⑫ □□《ふくおか》県の料理《りょうり》。

⑬ 雪どけの□《き》節。

⑭ 人生の□□《きろ》。

正かい14問中 問 合かく11問

月 日

漢字を読もう 課・議・訓・試・説・験

正かい 12問中 問　合かく 10問

①役所の市民《しみん》課。［　　］

②課長にしょう進した。［　　］

③会議が始まる。［　　］

④議題に上がる。［　　］

⑤訓読みと音読み。［　　］

⑥教訓を学ぶ。［　　］

⑦もう一度試みる。［　　］

⑧試作品を見せる。［　　］

⑨必要性《ひつようせい》を説く。［　　］

⑩小説を読む。［　　］

⑪ゆたかな体験。［　　］

⑫大切な実験。［　　］

チェックポイント

「言」（ごんべん）は、言葉に関係《かんけい》があることを表します。

「試」の右側の筆順《ひつじゅん》は、「一→二→亍→工→式→式」です。

答えは92ページ

LESSON 38

漢字を書こう

① □□《ぎけつ》する。

② 初《はつ》の（　　）《こころみ》。

③ 経《けい》□《けん》を積む。

④ □□《しあい》に出る。

⑤ □□《じゅけん》勉強。

⑥ □□□《せつめいぶん》を読む。

⑦ □□《かがい》授業《じゅぎょう》をする。

⑧ 先生の□□《くんわ》。

⑨ 教えを（　　）《とく》。

⑩ □□《にっか》の散歩。

⑪ 国会□□《ぎいん》のおじ。

⑫ □□《くんれん》する。

⑬ 新しい□□《がくせつ》。

⑭ 詩作を（　　）《こころみる》。

正かい 14問中　　問　合かく 11問

月　日

LESSON 39

漢字を読もう

害・完・官・察・富・静

正かい　12問中　問
合かく　10問

①体に害がある。［　］

②実害が生じる。［　］

③完全にできあがる。［　］

④マラソンで完走した。［　］

⑤外交官になる。［　］

⑥観光庁《かんこうちょう》の長官。［　］

⑦深く考察する。［　］

⑧しげんに富む。［　］

⑨富山県に行く。［　］

⑩貧富の差がはげしい。［　］

⑪静かな部屋。［　］

⑫安静にしてください。［　］

チェックポイント

「宀」(うかんむり)は、家に関係《かんけい》があることを表します。

①「害」の反対語は「利《り》」で、「利害」という熟語《じゅくご》もあります。

答えは92ページ

LESSON 40

漢字を書こう

① □□《かんけつ》する。

② □□《あんせい》にする。

③ きょ万の□《とみ》。

④ □□《じょうかん》の命令。

⑤ 植物の観《かん》□《さつ》。

⑥ □□《こうがい》の防止。

⑦ 音が（　　）《しずまる》。

⑧ 新しい警《けい》□《さつ》署《しょ》。

⑨ 消化□□《きかん》が弱い。

⑩ □□《がいちゅう》がわく。

⑪ 異様《いよう》な（　　）《しずけさ》。

⑫ □□《みかん》の小説。

⑬ ざいげんに（　　）《とむ》。

⑭ 利《り》□《がい》のいっち。

正かい 14問中　　問　合かく 11問

月　　日

漢字を読もう 熊・照・然・熱・無・残

正かい 12問中　問　合かく10問

① 熊本県を旅行する。

② 熊手で落ち葉を集める。

③ 太陽が照りつける。

④ データを照合する。

⑤ 天然記《き》念《ねん》物《ぶつ》。

⑥ 自然の多い場所。

⑦ 熱い湯をかける。

⑧ 熱心な先生。

⑨ 一つも無い。

⑩ 無人島に流れ着く。

⑪ 残さずに食べる。

⑫ 残念《ねん》でたまらない。

⑤⑥の「然」には，そのままという意味があるよ。

チェックポイント

「灬」(れんが・れっか)は、火や熱に関係《かんけい》があることを表します。

⑦「熱い」と「暑い」の使い分け
・熱い…熱が高い。
・暑い…気温が高い。

答えは92ページ

LESSON 42

漢字を書こう

① 少し（　　）《てれる》。

② □□□《くまもとけん》。

③ あとに（　　）《のこす》。

④ 本に□□《ねっちゅう》する。

⑤ 森に住む□《くま》。

⑥ □□《とうぜん》のこと。

⑦ □□《たいしょう》的《てき》な二人。

⑧ （　　）《あつい》お茶。

⑨ □□《ざんぎょう》でおくれる。

⑩ 心配□□《むよう》です。

⑪ □□《てんねん》の魚。

⑫ 水を□《ねっ》する。

⑬ 月が（　　）《てらす》。

⑭ お金が（　　）《ない》。

正かい14問中
問／合かく11問
月　日

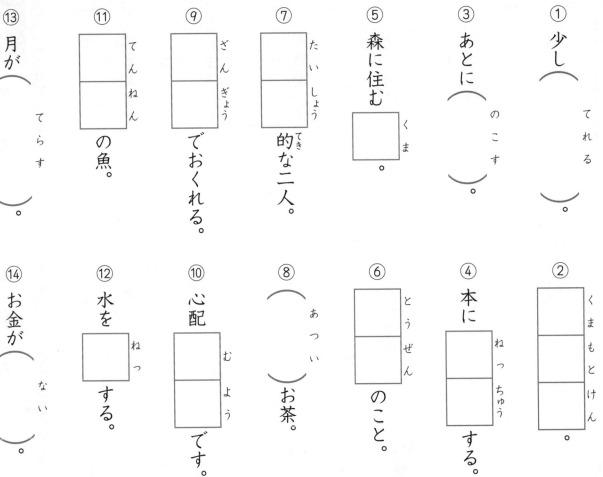

漢字を読もう

選・達・辺・連・競・争

正かい 12問中　問　合かく10問

①食材を選ぶ。［　　］

②委員を選出する。［　　］

③みじん切りの達人。［　　］

④命令を伝達した。［　　］

⑤この辺りにすわろう。［　　］

⑥三角形の一辺。［　　］

⑦山が連なる。［　　］

⑧連日の暑さ。［　　］

⑨リレーで競走する。［　　］

⑩競輪《りん》の大会。［　　］

⑪争いに勝つ。［　　］

⑫戦争が終わる。［　　］

チェックポイント

「辶」（しんにょう・しんにゅう）は、道や歩行に関《かん》係《けい》があることを表します。

⑨「競走」と「競争」の使い分け
・競走…速さを競《きそ》う。
・競争…勝負する。

答えは92ページ

LESSON 44

漢字を書こう

① 生存《せいぞん》□□《きょうそう》。

② 野球□□《せんしゅ》になる。

③ □□《じょうたつ》する。

④ 町の□□《しゅうへん》。

⑤ 車が（　　）《つらなる》。

⑥ 議論《ぎろん》の□□《そうてん》。

⑦ 荷物の□□《はいたつ》。

⑧ 本を（　　）《えらぶ》。

⑨ 二人で（　　）《あらそう》。

⑩ □□《けいば》場へ行く。

⑪ （　　）《あたり》の様子。

⑫ □□《れんぞく》する。

⑬ 図書の□□《せんてい》。

⑭ 山の（　　）《つらなり》。

正かい 14問中 　問 / 合かく 11問

月　日

LESSON 45

漢字を読もう 加・功・努・勇・労・唱

正かい 12問中 問 合かく10問

① 水を加える。［　］

② 火で加熱する。［　］

③ 作戦《さくせん》が功を奏《そう》する。［　］

④ 功名を立てる。［　］

⑤ 勉学に努める。［　］

⑥ 努力をおこたる。［　］

⑦ 勇ましい曲。［　］

⑧ 勇気をふりしぼる。［　］

⑨ 労働にはげむ。［　］

⑩ 心労がはげしい。［　］

⑪ 念仏《ねんぶつ》を唱える。［　］

⑫ 詩を暗唱する。［　］

チェックポイント

⑦「勇ましい」は、送りがなに注意しましょう。

「唱」の右側の「日」は、下を大きく書きます。

唱

答えは92ページ

LESSON 46

漢字を書こう

正かい14問中　問／合かく11問　月　日

①（　　）《いさましく》進む。

②□□《かこう》食品。

③校歌の□□《がっしょう》。

④多大な□□《ろうりょく》。

⑤よろこび（　　）《いさむ》。

⑥手を（　　）《くわえる》。

⑦解決《かいけつ》に（　　）《つとめる》。

⑧成《せい》□《こう》する。

⑨歴戦《れきせん》の□□《ゆうしゃ》。

⑩□□《くろう》する。

⑪おきょうを（　　）《となえる》。

⑫□□《どりょく》する。

⑬団体《だんたい》に□□《かにゅう》する。

⑭□□《ねんこう》序列《じょれつ》。

LESSON 47

漢字を読もう　協・卒・博・希・席・帯

正かい　12問中　　問　／　合かく 10問

① みんなで協同する。

② 協会を作る。

③ 卒業式の練習。

④ 新卒の会社員。

⑤ かれは博学だ。

⑥ 博愛《あい》精《せい》神《しん》を養う。

⑦ 希少かちがある。

⑧ 平和を希求《きゅう》する。

⑨ となりの席が空く。

⑩ 電気を帯びる。

⑪ 帯をしめる。

⑫ 連帯せきにんを負う。

チェックポイント

「博」の最後の点をわすれないように注意しましょう。

博（わすれない）

「帯」の最後の画をつき出さないようにしましょう。

帯（つき出さない）

答えは93ページ

LESSON 48

漢字を書こう

正かい14問中　問　合かく11問

月　日

① 大学の□《はく》士《し》。

② 赤みを（　）《おびる》。

③ □□《きょうてい》を結ぶ。

④ □《き》望《ぼう》を持つ。

⑤ □□《ねったい》地方。

⑥ 楽しい□□□《ばんこくはく》。

⑦ □□《きょうちょう》性《せい》がある。

⑧ □□《しゅっせき》する。

⑨ □□《きしょう》かちがある。

⑩ □□□《はくぶつかん》へ行く。

⑪ 妹の□□□《そつえんしき》。

⑫ □□《くうせき》がある。

⑬ □《おび》どめを買う。

⑭ □□《そつぎょう》する。

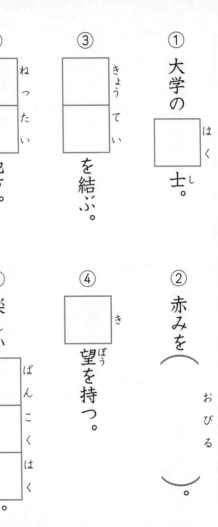

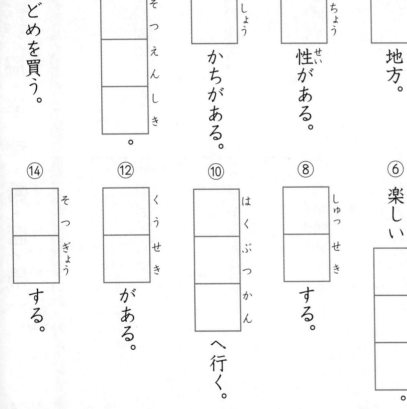

まとめテスト ⑤

正かい18問中　　問／合かく15問

1 次の――線の読み方を書きましょう。

① かれこそ、今回の 完勝の［　　］ 功労者だ。［　　］

② この 辺りの［　　］ 土地を めぐって 争う。［　　］

③ 合唱が［　　］ 終わると 急に 静かに［　　］ なった。

④ 日本の 自然は［　　］ 美しい 四季を［　　］ もつ。

2 次の漢字を書きましょう。

① □《き》望《ぼう》がかなうように □□《どりょく》 する。

② □□《きょうりょく》して、□□《がいちゅう》を退治《たいじ》する。

③ □□□《ながさきけん》まで（　　）《のこり》百キロになった。

④ □□《むじん》のこう野を明るい光が（　　）《てらす》。

⑤ 大学□□《そつぎょう》後、□□□《がいこうかん》になった。

答えは93ページ

LESSON 50

まとめテスト ⑥

1 次の——線の読み方を書きましょう。

① 福岡県［　　］の 名物に ついて 説明［　　］する。

② 孫［　　］は 岐阜県［　　］に 住んで いる。

③ 試薬［　　］の 効果《こうか》を 実験［　　］で たしかめる。

④ 議長［　　］を この 中から 選［　　］ぶ。

2 次の漢字を書きましょう。

① □《くま》の 生態《せいたい》に ついて □□《こうさつ》する。

② たがいに □□《じょうたつ》を（　　《きそい》）合う。

③ □□《とやま》県へ 向かう 列車は □□《まんいん》だった。

④ 先生の □□《くんわ》を、みんな □□《ねっしん》に 聞いた。

⑤ □□《にっか》の 散歩を □□《れんぞく》で サボった。

④の「くんわ」はよい行いを教えるためのはなしだよ。

正かい 18問中　　問　合かく 15問

月　　日

LESSON 51

漢字を読もう 茨・英・芽・芸・菜・求

正かい 12問中 問 合かく10問

① 茨城《き》県に住む。［　　］

② 茨だらけの野原。［　　］

③ 英語の勉強。［　　］

④ 英国に留学《りゅうがく》する。［　　］

⑤ 草花が芽ぶく。［　　］

⑥ 発芽から開花まで。［　　］

⑦ 芸が達者な人。［　　］

⑧ すごい芸当だ。［　　］

⑨ 黄色い菜の花。［　　］

⑩ 野菜が足りない。［　　］

⑪ 自由を求める。［　　］

⑫ 求心力がある。［　　］

チェックポイント

「艹」（くさかんむり）は、草花に関係《かんけい》があることを表します。

「求」の二～六画目の形を「水」としないように注意しましょう。

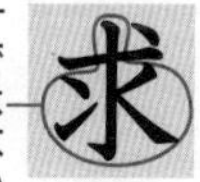

答えは93ページ

LESSON 52

漢字を書こう

① 好物《こうぶつ》の□□《あおな》。

② 多くを（　　）《もとめる》。

③ □□《ぶんげい》作品。

④ □《いばら》城《き》県出身。

⑤ 植物の□《め》生え。

⑥ 強い□□《ようきゅう》。

⑦ □《いばら》の道。

⑧ □□□《えいかいわ》教室。

⑨ 家庭□□《さいえん》。

⑩ □□□《がくげいかい》に出る。

⑪ □□《えいき》を養う。

⑫ □□《なたね》をしぼる。

⑬ 資料《しりょう》のせい□《きゅう》。

⑭ □□《はつが》する。

正かい14問中　問　合かく11問　月　日

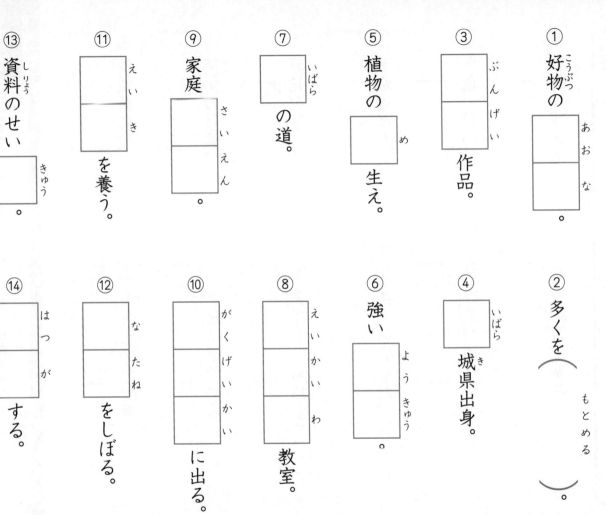

LESSON 53

漢字を読もう

塩・埼・城・隊・阪・陸

正かい 12問中　問　合かく 10問

① さんまの塩焼き。［　　］

② 塩からい食べ物。［　　］

③ 食塩を入れた容器《ようき》。［　　］

④ 埼玉県の名物。［　　］

⑤ 築《ちく》城の手順《てじゅん》。［　　］

⑥ 宮城県に住む。［　　］

⑦ 隊列を組んで進む。［　　］

⑧ 入隊の手続きを取る。［　　］

⑨ 十人編成《へんせい》の部隊。［　　］

⑩ 大阪府《ふ》に向かう。［　　］

⑪ 陸地が見える。［　　］

⑫ 飛行機が着陸する。［　　］

チェックポイント

「塩」「埼」「城」の部首の「扌」（つちへん）は、土に関係《かんけい》があることを表します。

「隊」「阪」「陸」の部首の「阝」（こざとへん）は、土地に関係があることを表します。

答えは93ページ

LESSON 54

漢字を書こう

① □□《しおみず》を作る。

② □□《じょうりく》する。

③ □□《ぶたい》に入る。

④ □□《えんぶん》が多い。

⑤ 南極□□《たいりく》。

⑥ □□《さいたま》県を通る。

⑦ □□《いばらき》県へ行く。

⑧ 美しい□《しろ》。

⑨ □□《おおさか》府《ふ》に入る。

⑩ とても□《しお》からい。

⑪ 多くの□□《たいいん》。

⑫ □□□《りくじょうぶ》に入る。

⑬ □□《がくたい》のえんそう。

⑭ □□《えんでん》で働く。

正かい 14問中 　問 合かく 11問

月 　日

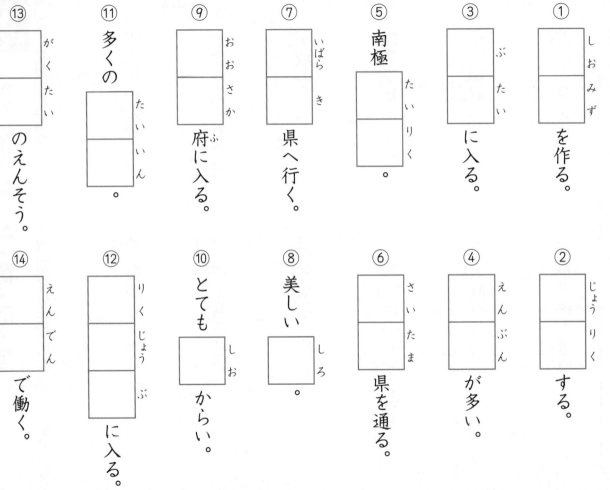

LESSON 55

漢字を読もう 愛・念・必・成・戦・鹿

正かい 12問中 問 合かく10問

① 筆ペンを愛用する。［　］

② 愛くるしい赤ちゃん。［　］

③ 心の中で念じる。［　］

④ 入念にじゅんびする。［　］

⑤ 必ず帰ってくる。［　］

⑥ どうしても必要だ。［　］

⑦ 姉は今年成人する。［　］

⑧ 立派《りっぱ》に成長した。［　］

⑨ 戦いに勝つ。［　］

⑩ 戦車がならぶ。［　］

⑪ 鹿の角が生える。［　］

⑫ 鹿児島県に住む。［　］

チェックポイント

「愛」「念」「必」の部首は、「心」（こころ）です。

「必」の筆順は、「、→ソ→义→必」です。

答えは93ページ

LESSON 56

漢字を書こう

① □□《ざんねん》な気持ち。

② これは□□《ひつぜん》だ。

③ □□《はくあい》の精神《せいしん》。

④ かれは大器晩《ばん》□《せい》だ。

⑤ □□《せんそう》が終わる。

⑥ （　）《かならず》行く。

⑦ □□□《きねんひん》をもらう。

⑧ □□《せんごく》時代。

⑨ □□□□《かいごしまけん》。

⑩ □□《せいこう》と失敗《しっぱい》。

⑪ □□《あいけん》のしつけ。

⑫ 共に（　）《たたかう》。

⑬ □□《ひっしょう》をちかう。

⑭ 強い□□《しんねん》。

正かい 14問中 問 合かく11問

月 日

LESSON 57

漢字を読もう　康・底・府・願・順・類

正かい12問中　　問　合かく10問

① 健康に気をつける。［　　］

② 雨は小康じょうたいだ。［　　］

③ くつ底にあながあく。［　　］

④ 地底深くほる。［　　］

⑤ 府立の学校に入る。［　　］

⑥ 京都府に住む。［　　］

⑦ お願い事をする。［　　］

⑧ 悲願の優勝だ。［　　］

⑨ 順番を守る。［　　］

⑩ 順路にしたがう。［　　］

⑪ 類いまれな美女。［　　］

⑫ 類は友をよぶ［　　］

チェックポイント

「康」「底」「府」の部首の「广」（まだれ）は、家屋に関係《かんけい》があることを表します。

「底」の最後の横画をわすれないようにしましょう。

答えは94ページ

LESSON 58

漢字を書こう

①つぼの□《そこ》。

②花の□□《しゅるい》。

③□□《けんこう》になる。

④平和を（　）《ねがう》。

⑤□□《じゅんちょう》に進む。

⑥虫の（　）《たぐい》。

⑦日本の政《せい》□《ふ》。

⑧□□《しょうこう》じょうたい。

⑨□□□□《とどうふけん》。

⑩□□《がんしょ》を出す。

⑪正しい□□《ひつじゅん》。

⑫暗い□□《かいてい》。

⑬□□《そこぢから》を見せる。

⑭□□《ぎょるい》の研究。

正かい14問中　問　合かく11問

月　日

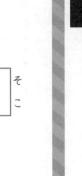

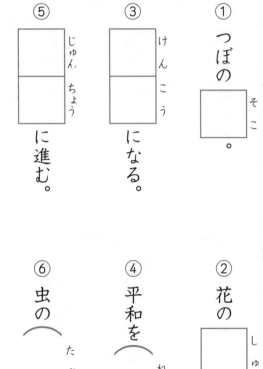

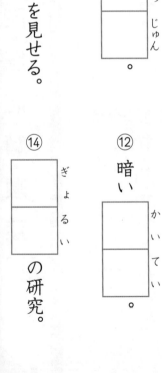

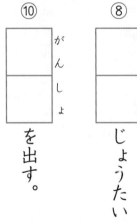

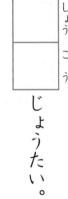

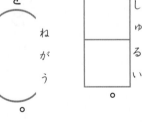

刷・副・別・利・初・固

正かい 12問中 ＿問
合かく10問

① 新しく刷り直す。［　　］
② 印《いん》刷ぎじゅつの向上。［　　］
③ 副委員長になる。［　　］
④ 授業《じゅぎょう》で使う副読本。［　　］
⑤ 別れをおしむ。［　　］
⑥ 別人のように見える。［　　］
⑦ 利発そうな子ども。［　　］
⑧ 文明の利器。［　　］
⑨ 初めての遠足。［　　］
⑩ 初心をわすれない。［　　］
⑪ ゼリーを固める。［　　］
⑫ 水が固体になる。［　　］

⑧の「利器」は役に立つものという意味があるよ。

チェックポイント

「刂」（りっとう）は、切ることや刀に関係《かんけい》があることを表します。

「初」の部首は「刀」（かたな）です。「ネ」（ころもへん）ではありません。

答えは94ページ

LESSON 60

漢字を書こう

① 表情《ひょうじょう》が（　　）《かたまる》。

② 電車を□□《りよう》する。

③ 人事の□□《さっしん》。

④ □□□《ふくさよう》がある。

⑤ □□《りてん》が多い。

⑥ 友人と（　　）《わかれる》。

⑦ 祭りの□□《しょにち》。

⑧ □□《こゆう》の文化を持つ。

⑨ □□《ふくぎょう》を始める。

⑩ 本を（　　）《する》。

⑪ （　　）《はじめて》の土地。

⑫ □□《くべつ》する。

⑬ 預金《よきん》の□□《りし》。

⑭ （　　）《かたい》決意。

正かい
14問中
問／合かく 11問

月　日

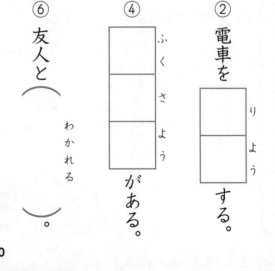

漢字を読もう 媛・好・失・奈・夫・良

正かい12問中 問 合かく10問

① 愛媛県へ行く。［　　］

② カレーが好きだ。［　　］

③ スポーツを好む。［　　］

④ 美術品《びじゅつひん》の愛好家。［　　］

⑤ やる気を失う。［　　］

⑥ 失敗をおそれない。［　　］

⑦ 奈良県への旅行。［　　］

⑧ 神奈川県の予選。［　　］

⑨ わたしの夫です。［　　］

⑩ 田中《たなか》夫人と会う。［　　］

⑪ 会えて良かったです。［　　］

⑫ 良心がいたむ。［　　］

チェックポイント

「失」を、形がにている「矢」と書きまちがえないように注意しましょう。

⑤「失う」は、送りがなに注意しましょう。

答えは94ページ

LESSON 62

漢字を書こう

① □□《ゆうこう》的《てき》な関係《かんけい》。

② □□《しってん》を重ねる。

③ （　）《このみ》がちがう。

④ □《おっと》と出かける。

⑤ （　）《すき》になる。

⑥ □□《かいりょう》する。

⑦ □□《なら》の大仏《だいぶつ》。

⑧ □□《えひめ》産のみかん。

⑨ 船の上の□□《すいふ》。

⑩ 仲が（　）《よい》。

⑪ □□□《かながわ》県出身。

⑫ 気を（　）《うしなう》。

⑬ □□《りょうこう》な関係。

⑭ 三月に□□《しつぎょう》した。

正かい 14問中

問 合かく 11問

月 日

漢字を読もう 管・笑・節・巣・単・衣

正かい12問中　問　合かく10問

① ゴムの管を通す。［　　］

② 試験管を使う。［　　］

③ テレビを見て笑う。［　　］

④ 笑い話をする。［　　］

⑤ 竹には節がある。［　　］

⑥ 節分に豆をまく。［　　］

⑦ ツバメが巣を作る。［　　］

⑧ 鳥のひなが巣立つ。［　　］

⑨ 新しい単元に入る。［　　］

⑩ 単語をおぼえる。［　　］

⑪ 白衣を着た先生。［　　］

⑫ 衣類を用意する。［　　］

チェックポイント

「管」「笑」「節」の部首の「⺮」(たけかんむり)は、竹に関《かん》係《けい》があることを表します。

「管」と「官」の使い分け

・管…くだ・管理すること。

・官…役所・公的な組織《そしき》。

答えは94ページ

LESSON 64

漢字を書こう

① 長さの□□《たんい》。

② □□□《すいどうかん》を引く。

③ （　）《わらい》顔で話す。

④ 鳥の□□《すばこ》。

⑤ □□《いふく》をぬぐ。

⑥ □□《せつやく》する。

⑦ にっこり（　）《わらう》。

⑧ □□□《いしょくじゅう》。

⑨ □□□《たんこうぼん》を読む。

⑩ □《くだ》をまく。

⑪ 空き□《す》が入る。

⑫ かつお□《ぶし》を買う。

⑬ □□《たんちょう》な生活。

⑭ 木の□□《ふしめ》。

正かい 14問中 　問 合かく 11問

月　日

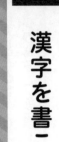

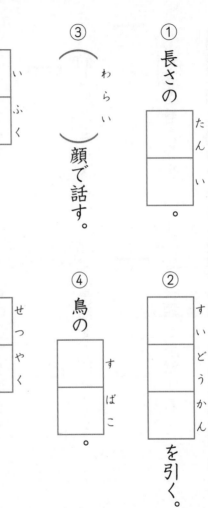

まとめテスト ⑦

正かい18問中　問　合かく15問

1 次の――線の読み方を書きましょう。

① 節度〔　　〕を守って利用〔　　〕する。

② 薬の副作用〔　　〕を初めて〔　　〕体験した。

③ 埼玉県〔　　〕からトラックで奈良県〔　　〕へ向かう。

④ わたしは、夫〔　　〕と共に〔　　〕茨城県〔　　〕に住んでいる。

2 次の漢字を書きましょう。

① □□《ぶんげい》作品として□□《せいりつ》している。

② □□□《えいかいわ》でよく使われる□□《たんご》。

③ この種は（　　）《かならず》元気な□《め》を出すはずだ。

④ かれとは□□《おおさか》駅で（　　）《わかれた》。

⑤ わが家の□□《あいけん》は、とても□□《けんこう》だ。

答えは94ページ

LESSON 66

まとめテスト ⑧

正かい18問中　問／合かく15問　月　日

1 次の——線の読み方を書きましょう。

① 印《いん》刷［　　］の　じょうたいが　とても　良［　　］い。

② 陸路［　　］を　使って　鹿児島県［　　］へ　向かう。

③ 戦争［　　］で　多くの　命が　失［　　］われた。

④ かれは　野菜［　　］サラダを　好［　　］んで　食べる。

2 次の漢字を書きましょう。

① これは（　　）《わらい》話の（　　）《たぐい》だ。

② 鳥の□《す》が強風で落ちないことを（　　）《ねがう》。

③ □□《たいちょう》が、あなの□《そこ》をのぞいている。

④ 何か□□《きねん》になるものを（　　）《もとめる》。

⑤ □□《じゅんばん》に、□□《いふく》を着がえる。

漢字を読もう 径・徒・徳・鏡・録・欠

正かい 12問中 問 合かく10問

① 円の直径を求める。［　］

② ピストルの口径。［　］

③ 徒労に終わる。［　］

④ キリスト教の信徒。［　］

⑤ 徳島県へ行く。［　］

⑥ 人徳のある人。［　］

⑦ 手鏡を取り出す。［　］

⑧ けんび鏡を使う。［　］

⑨ きちんと記録する。［　］

⑩ 名前を登録する。［　］

⑪ 手入れを欠かさない。［　］

⑫ 欠席者はいない。［　］

チェックポイント

「径」「徒」「徳」の部首「彳」（ぎょうにんべん）は、道路に関《かか》わることを表します。

「鏡」「録」の部首の「金」（かねへん）は、金属《きんぞく》に関係があることを表します。

答えは94ページ

LESSON 68

漢字を書こう

① 観察《かんさつ》の□□《きろく》。

② 円の□□《はんけい》。

③ 中学校の□□《せいと》。

④ □《とく》の高い人。

⑤ 皿が（　　）《かける》。

⑥ □□□《さんめんきょう》。

⑦ □□《けついん》が出る。

⑧ □□《どうとく》の授業《じゅぎょう》。

⑨ □□《けってん》がない。

⑩ □□《ろくおん》する。

⑪ □□□《ときょうそう》に出る。

⑫ □《かがみ》にうつす。

⑬ □□《もくろく》を見る。

⑭ □□《とほ》で行く。

正かい 14問中 問 合かく 11問

月 日

漢字を読もう 氏・民・軍・輪・不・以

①氏名を書く。［　　］

②氏族について学ぶ。［　　］

③民族衣装《いしょう》を着る。［　　］

④市民団体《だんたい》の活動。［　　］

⑤軍歌を歌う。［　　］

⑥軍手をはめる。［　　］

⑦輪ゴムを用意する。［　　］

⑧車輪がはずれる。［　　］

⑨不正をゆるさない。［　　］

⑩水が不足する。［　　］

⑪日本以外の国。［　　］

⑫以心伝心で伝わる。［　　］

正かい 12問中 問 合かく10問

チェックポイント

「不」は、「…ない」「…でない」という意味を持つ漢字です。

⑪「以外」と「意外」の使い分け
・以外…そのほか。
・意外…思いのほか。

答えは94ページ

LESSON 70

漢字を書こう

正かい 14問中 問 / 合かく 11問　月　日

① 美しい□□《ゆびわ》。

② □□《ふうん》なことだ。

③ 住所と□□《しめい》。

④ □□《こくみん》の命。

⑤ □□《ぐんじん》になる。

⑥ □□《さんりん》のバイク。

⑦ □□《しぞく》制度《せいど》。

⑧ □□《いぜん》の話だ。

⑨ □□《かいぐん》の船。

⑩ 五位□□《いない》に入る。

⑪ □□《みんかん》の業者。

⑫ □□《ふまん》はない。

⑬ 友情《ゆうじょう》の□《わ》。

⑭ □□□《みんげいひん》を買う。

漢字を読もう 特・牧・覚・観・産・井

正かい12問中　　問　合かく10問

① 特上のうなどん。

② 特有のにおいがする。

③ 牧場を見学する。

④ 牛が牧草を食べる。

⑤ 身に覚えがない。

⑥ 目が覚める。

⑦ 自覚が足りない。

⑧ こん虫を観察する。

⑨ 子犬が産まれた。

⑩ メロンの産地。

⑪ 福井県に住む。

⑫ 井の中のかわず

チェックポイント

「牧」の部首は「牜」(うしへん)です。「攵」(のぶん・ぼくづくり)ではありません。

⑨「産む」と「生む」の使い分け
・産む…出産する。
・生む…新しく作り出す。

答えは95ページ

LESSON 72

漢字を書こう

① □□《とくべつ》なこと。

② するどい□□《かんかく》。

③ □□《こくさん》の野菜。

④ 羊の□□《ほうぼく》。

⑤ 漢字を（　　　）《おぼえる》。

⑥ 家の□□《がいかん》。

⑦ □□《いど》をほる。

⑧ □□□《ふくいけん》出身。

⑨ □□《とくしょく》がある。

⑩ □□《ぼっか》的《てき》な村。

⑪ □□《かんこう》名所に行く。

⑫ 子を（　　　）《うむ》。

⑬ 目を（　　　）《さます》。

⑭ □□《さんぎょう》の発展《はってん》。

正かい 14問中　　問　合かく 11問　　月　　日

漢字を読もう　挙・折・景・昨・最・料・老

① 手を挙げる。［　　］

② 選挙を行う。［　　］

③ 折り紙で遊ぶ。［　　］

④ 費用《ひよう》を折半する。［　　］

⑤ すばらしい風景。［　　］

⑥ 昨年の出来事。［　　］

⑦ 最も寒い場所。［　　］

⑧ 最後まで話を聞く。［　　］

⑨ 料理のうでが上がる。［　　］

⑩ このパンは無料だ。［　　］

⑪ すっかり老いた父。［　　］

⑫ 老人会に入る。［　　］

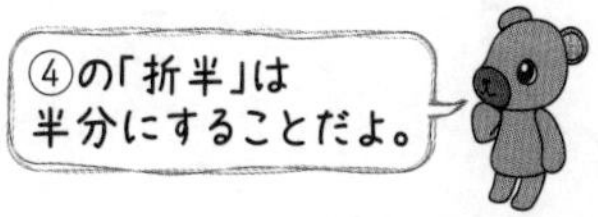

正かい 12問中　問　合かく 10問

チェックポイント

「景」には「景色《けしき》」、「昨」には「昨日《きのう》」という特別な読み方の熟語《じゅくご》があります。

⑦「最も」は、送りがなに注意しましょう。

答えは95ページ

LESSON 74

漢字を書こう

① □□《けいき》がよい。

② 世界□□《さいだい》の魚。

③ □□《さっこん》の風潮《ふうちょう》。

④ □□《きょしゅ》する。

⑤ ほねを（　）《おる》。

⑥ □□《ろうか》げんしょう。

⑦ □□《さくや》のこと。

⑧ 例を（　）《あげる》。

⑨ □□《りょうきん》をはらう。

⑩ 角を□□《うせつ》する。

⑪ （　）《もっとも》高い山。

⑫ □□《けいひん》を出す。

⑬ □□《ざいりょう》の調達。

⑭ 年（　）《おいた》親。

正かい14問中　　問　合かく11問　　月　　日

漢字を読もう

票・祝・包・印・参・変・飯

正かい 12問中 問 合かく10問

①多くの票を得《え》る。［　　］

②祝日が楽しみだ。［　　］

③ガムの包み紙。［　　］

④包丁を使う。［　　］

⑤印をつける。［　　］

⑥強い印象《しょう》を受ける。［　　］

⑦先祖《せんぞ》のはかに参る。［　　］

⑧参加者をつのる。［　　］

⑨とても変わった人だ。［　　］

⑩形が変化する。［　　］

⑪にぎり飯をほおばる。［　　］

⑫残飯を処分《しょぶん》する。［　　］

チェックポイント

「票」の部首は「示」（しめす）、「祝」の部首は「ネ」（しめすへん）です。

「飯」の部首の「𩙿」（しょくへん）は、食べ物や飲食に関係《かんけい》があることを表します。

答えは95ページ

LESSON 76

漢字を書こう

①見方を（　）《かえる》。

②□□□《あさめしまえ》だ。

③□□《でんぴょう》の発行。

④□□《しゅくふく》する。

⑤商品を（　）《つつむ》。

⑥□□《ちょういん》する。

⑦□□□《さんこうしょ》を買う。

⑧□□《とうひょう》する。

⑨物価《ぶっか》の□□《へんどう》。

⑩お礼の□《しるし》。

⑪勝利を（　）《いわう》。

⑫□□《せきはん》をたく。

⑬□□《ほうたい》をまく。

⑭神社に（　）《まいる》。

正かい 14問中　問 ／ 合かく 11問　月　日

LESSON 77

漢字を読もう 旗・望・差・建・省・香・置

正かい12問中　問　合かく10問

①旗をかかげる。［　　］

②優勝《ゆうしょう》旗を持ち帰る。［　　］

③まだ望みがある。［　　］

④町を一望する。［　　］

⑤大きな差がある。［　　］

⑥家が建つ。［　　］

⑦建築《ちく》現《げん》場《ば》に入る。［　　］

⑧説明を省く。［　　］

⑨実家に帰省する。［　　］

⑩香川県でくらす。［　　］

⑪かぐわしく香る。［　　］

⑫家具を配置する。［　　］

チェックポイント

「建」の部首は「廴」（えんにょう）で、「㇇↓㇋↓廴」と三画で書きます。

⑥「建つ」と「立つ」の使い分け
・建つ…ビルが建つ。（建物）
・立つ…標識《ひょうしき》が立つ。席を立つ。

答えは95ページ

LESSON 78

漢字を書こう

① □□《けんこく》記念日。

② □□□《ぼうえんきょう》を買う。

③ 人は□□《せんさ》万別《ばんべつ》だ。

④ □□《はんせい》する。

⑤ □《はた》をふる。

⑥ よい（　　）《かおり》がする。

⑦ 荷物を（　　）《おく》。

⑧ □□《たいさ》ない意見。

⑨ 日本の□□《こっき》。

⑩ 平和を（　　）《のぞむ》。

⑪ ビルを（　　）《たてる》。

⑫ 文部科学□《しょう》。

⑬ ごみを□□《ほうち》する。

⑭ むだを（　　）《はぶく》。

正かい
14問中
問／合かく11問

月　日

漢字を読もう 臣・辞・郡・量・関・的・街

正かい 12問中 問 合かく10問

① 主君と家臣。［　］

② 出場を辞退《たい》する。［　］

③ 郡部に住む。［　］

④ 県と郡。［　］

⑤ 体重を量る。［　］

⑥ 塩は少量でよい。［　］

⑦ 事件《じけん》に関わる。［　］

⑧ 関係は良好だ。［　］

⑨ おうぎの的。［　］

⑩ 予言が的中した。［　］

⑪ 街角で出会う。［　］

⑫ 街灯が道を照らす。［　］

チェックポイント

「郡」の部首の「阝」（おおざと）は、人の住む場所に関係があることを表します。

「街」と「町」の使い分け
・街…学生の街・街の明かり
・町…村と町・町外れ

答えは95ページ

LESSON 80

漢字を書こう

① □□《ちてき》な人。

② お□□《せじ》を言う。

③ 新しい総理《そうり》□□《だいじん》。

④ □□《たいりょう》の水。

⑤ □□《せきしょ》を通る。

⑥ □《まと》をねらう。

⑦ □□《がいとう》演説《えんぜつ》を聞く。

⑧ 忠実《ちゅうじつ》な□□《かしん》。

⑨ □□《じひょう》を出す。

⑩ あめの（　）《はかり》売り。

⑪ □□《かんれん》がある。

⑫ □□《ぐんぶ》の出身だ。

⑬ □□《もくてき》を持つ。

⑭ 深い（　）《かかわり》。

正かい 14問中 問 合かく11問

月 日

まとめテスト⑨

正かい
18問中
問　合かく15問

1 次の――線の読み方を書きましょう。

① 最［　　］も　細［　　］い　えだを　一本だけ　折［　　］る。

② 選挙［　　］に　行って、投票［　　］する。

③ 四国［　　］には　徳島県［　　］の　ほか、香川県［　　］も　ある。

④ 軍人［　　］と　ともに　市民［　　］が　力を　合わせる。

2 次の漢字を書きましょう。

① □□《ちょっけい》五十センチの鉄の□《わ》を作った。

② （　　）《のぞみ》通り、□□《ぼくじょう》で働くことになった。

③ □□《ふうけい》は、天気によって（　　）《かわる》。

④ □□□《しゅかんてき》な意見は□□《さんこう》にならない。

⑤ □□《かしん》の働きは想像《そうぞう》□□《いじょう》だった。

答えは96ページ

LESSON 82

まとめテスト ⑩

正かい18問中　　問／合かく15問　　月　　日

1 次の——線の読み方を書きましょう。

① 昨年［　　］までは、米の　不作［　　］が　続［　　］いて　いた。

② 国語辞典［　　］を、つくえの　上に　置［　　］いた。

③ 今回は　特別［　　］に　砂糖《さとう》の　分量［　　］を　ふやした。

④ お客さまの　氏名［　　］と　住所を　記録［　　］する。

2 次の漢字を書きましょう。

① □□《ふくい》県を　□□《とほ》で旅行する。

② たくさんの　□《しるし》の意味を（　　）《おぼえる》。

③ □□《せきはん》をたいて、優勝《ゆうしょう》を（　　）《いわう》。

④ □□《ろうじん》は、自分のすがたを□《かがみ》にうつした。

⑤ この土地と（　　）《かかわり》がある□□《さんぎょう》。

仕上げテスト ①

正かい18問中　　問／合かく15問

1 次の――線の読み方を書きましょう。

① この方法は、なかなか便利だ。
［　　］［　　］

② 山梨県で会おうと約束した。
［　　］［　　］

③ これは必然的な結果だ。
［　　］［　　］

④ 改めて自分の考えを説明した。
［　　］［　　］

2 次の漢字を書きましょう。

① □□《さが》県の□□《きこう》について調べる。

② □□《じっけん》は、見事に□□《せいこう》した。

③ 電子□□《きき》を□□《かんぜん》に修理《しゅうり》した。

④ 思いがけない□□《はいぼく》に（　　）《なく》。

⑤ □□《ろうどう》条件《じょうけん》の見直しを（　　）《こころみる》。

答えは96ページ

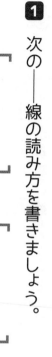

LESSON 84

仕上げテスト②

正かい 18問中　　問／合かく 15問　　月　日

1 次の――線の読み方を書きましょう。

① 各国の［　　］大臣が［　　］話し合いをした。

② 栃木県［　　］よりも、新潟県［　　］は北にある。

③ 上級生としての自覚［　　］を養［　　］う。

④ 上官の命令［　　］を部下に伝［　　］えた。

2 次の漢字を書きましょう。

① つぼを（　　）《きよらか》な水で（　　）《みたす》。

② 火で（　　）《やいた》石は、とても（　　）《あつい》。

③ □□《かもつ》列車が、（　　）《とぶ》ように走る。

④ □□《くんれん》が無事に終わることを（　　）《ねがう》。

⑤ □□《きゅうしょく》の時間が（　　）《もっとも》楽しみだ。

仕上げテスト③

正かい 18問中 問 合かく15問

1 次の——線の読み方を書きましょう。

① 健康［　　］のために　日光浴［　　］をする。

② 軍隊［　　］は、急速に　力を　失［　　］った。

③ 沖縄県［　　］へ　おじいさんは　孫［　　］を　連れて　行った。

④ 例［　　］を　いくつか　挙［　　］げて　説明する。

2 次の漢字を書きましょう。

① □□《きせつ》の□□《へんか》を感じる。

② □《うめ》の花が風に（　　）《ちる》。

③ 必要な□□《ざいりょう》を急いで□□《ちょうたつ》した。

④ □□《ぎょせん》に多くの魚を（　　）《つむ》。

⑤ □□□《じどうかい》の遠足に□□《さんか》した。

答えは96ページ

LESSON 86

仕上げテスト④

正かい18問中　問　合かく15問

月　日

1 次の――線の読み方を書きましょう。

① 大阪府［　　］の れきしを 記録［　　］した 本。

② 英語［　　］の テストを 三十まい 刷［　　］る。

③ 植物［　　］の 発芽［　　］の 様子を 観察［　　］する。

④ 茨城県［　　］から 車で 埼玉県［　　］へ 向かう。

2 次の漢字を書きましょう。

① みんなで □□《きょうりょく》して、家を（　　）《たてる》。

② これを食べても何の □《がい》も（　　）《ない》。

③ 姉の □《おっと》は、□□《しんよう》のできる人だ。

④ 二人は、□□《ふくおか》県に入ってから（　　）《わかれた》。

⑤ □□《せいと》たちは、□《まつ》の木の根元に集まった。

仕上げテスト⑤

正かい 18問中 　問　合かく15問

1 次の――線の読み方を書きましょう。

① かれは文芸を［　］こよなく愛する［　］人だ。

② 戦争は［　］まもなく終結する［　］。

③ 九州には、［　］熊本県も鹿児島県も［　］ある。

④ 街灯の［　］光がパトカーの側面を［　］照らす。

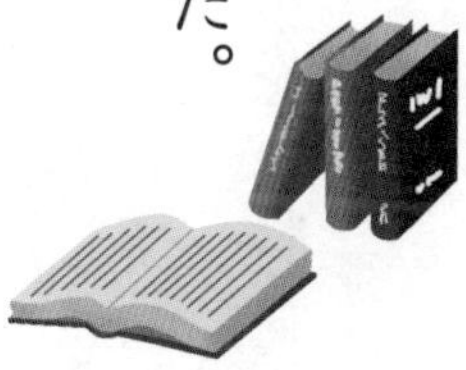

2 次の漢字を書きましょう。

① □□《きぼう》通りの□□《せきじゅん》となった。

② 兄の中学□□《そつぎょう》を、家族みんなで（　）《いわう》。

③ 生まれて（　）《はじめて》、必死で□□《どりょく》した。

④ （　）《あたり》には、□□《しゃりん》のあとが残っていた。

⑤ □□《ちあん》の悪化防止《ぼうし》のため□□《しみん》が活動する。

答えは96ページ

LESSON 88

仕上げテスト ⑥

正かい18問中　　問／合かく15問

月　日

1 次の――線の読み方を書きましょう。

① 父は岐阜県［　　］に旅行するのを好む［　　］。

② ここは野菜［　　］の産地［　　］として有名だ。

③ 名案［　　］を思いついて、妹はにっこり笑った［　　］。

④ 兄は今、奈良県［　　］の郡部［　　］に住んでいる。

2 次の漢字を書きましょう。

① キログラムは、重さを（　　）《はかる》□□《たんい》だ。

② ドアには多くの□□《しゅるい》の□《しるし》がついていた。

③ □□□《しけんかん》に、よく（　　）《ひえた》水を入れる。

④ 姉は、□□《かがわ》県の地理に□□《かんしん》を持っている。

⑤ この□□《かだい》をこなすのは、ほねが（　　）《おれる》。

答え

①

1 ①じいん・がくしゅう ②おおざら・まめ ③いけん・はっぴょう ④せわ・かかり

2 ①題名・決める ②出血・心配 ③部屋・暑い ④病気・医者 ⑤苦しみ・感

②

1 ①たびさき・あ ②ぬし・かえ ③しごと・すす ④おくがい・さむ

2 ①死・悲しむ ②海岸・拾う ③自動車・速さ ④駅・送る ⑤悪人・追う

ポイント **2**③「速さ」は、**動きなどの「はやさ」（スピード）やその度合い**について使います。

③

1 ①りゅうひょう・しゃしん ②しょうひん・しゅっか ③にっきちょう・しら ④し・あんごう

2 ①庭園・美しい ②植物・球根 ③昔・守る ④他・予想 ⑤勉強・相談

④

1 ①くやくしょ・と ②にかい・みずうみ ③やどや・てっきょう ④れっしゃ・たび

2 ①童話・安らぐ ②金庫・重い ③横・向いた ④葉・緑色 ⑤式場・銀

⑤

1 ①ふえ・だいいっきゅう ②きかん・みじか ③きゅうしゅう・しゅっしん ④もうひつ・じゅうしょ

2 ①命・勝負 ②宮・麦畑 ③港・集まる ④温かい・飲む ⑤相手・歯

ポイント **2**⑤「歯が立たない」は、「とてもかなわない」という意味の慣用句《かんようく》です。

⑥

1 ①とうしゅ・だしゃ ②けんきゅう・そそ ③ひつじ・あそ ④じょげん・う

2 ①運転・乗る ②文化祭・委員 ③去年・神社 ④練習・二倍 ⑤島・泳ぐ

⑦

①くらい ②おうい ③いちおくえん ④おくまん ⑤けんぜん ⑥けん ⑦てんこう ⑧じこう ⑨さ ⑩たいさ ⑪か ⑫しゃっきん

⑧

①佐 ②位 ③億万 ④中佐 ⑤借り ⑥気候 ⑦一億 ⑧借用 ⑨健 ⑩方位 ⑪候 ⑫借家 ⑬気位 ⑭健

ポイント ⑬「気位」の意味は、「自分の品位を高くたもとうとする心の持ち方」です。

⑨

①しん ②しんじん ③みぎがわ ④そくめん ⑤なか ⑥なかま

⑦ひく　⑧ていがくねん　⑨つた
⑩でんごん　⑪はたら　⑫どう

⑩ ①働く　②伝記　③低下　④仲
⑤信号　⑥相手側　⑦伝える
⑧低空　⑨仲　⑩信用　⑪低い
⑫側近　⑬働　⑭伝わる

ポイント ⑫「側近」とは、王や権力者《けんりょくしゃ》のそば近くに仕える人のことです。

⑪ ①つ　②ふちゃく　③べん　④だよ　⑤たと　⑥れい　⑦あらた
⑧かいしん　⑨ち　⑩はっさん
⑪やぶ　⑫はいぼく

ポイント ⑪「敗れる」の意味は「相手に負ける」です。「くずれる・こわれる」という意味で使う「やぶれる」は、「**破《やぶ》れる**」と書きます。

⑫ ①付ける　②便り　③勝敗　④便
⑤散る　⑥送付　⑦改正　⑧具体例　⑨便　⑩例え　⑪改まる
⑫散歩　⑬敗れる　⑭例年

⑬ ①かい　②きかい　③きかい
④きないしょく　⑤なんきょく
⑥きょくりょく　⑦ざいもく
⑧しゅざい　⑨なふだ　⑩ひょうさつ　⑪まつばやし　⑫しょうちく

⑭ ①機械　②極度　③人材　④千円札　⑤教材　⑥機動力　⑦械
⑧北極　⑨松　⑩改札口　⑪木材
⑫札　⑬極地　⑭松竹

⑮ ①とちぎけん　②うめ　③うめ
④ばいう　⑤ひょうご　⑥もくひょう

⑦やまなしけん　⑧なし　⑨たね
⑩しゅし　⑪つ　⑫せきせつ

ポイント ⑧「梨のつぶて」は、「連絡《れんらく》をしても、返事などが全くないこと」という意味の慣《かん》用《よう》句です。

⑯ ①山積　②栃木　③標本　④種
⑤梅雨　⑥積む　⑦梅酒　⑧梨
⑨種目　⑩指標　⑪山梨　⑫梅
⑬商標　⑭面積

⑰ ①かもつ　②ひゃっかてん　③が
④が　⑤や　⑥ひや　⑦がいとう
⑧とうか　⑨じどう　⑩だんじ
⑪ちょうこう　⑫おくちょう

ポイント ⑫「億兆」は、「かぎりなく大きな数」を表す言葉です。

⑱ ①金貨　②年賀　③前兆　④児
⑤焼く　⑥消灯　⑦佐賀　⑧一兆円　⑨貨車　⑩焼ける　⑪点灯
⑫育児　⑬灯台　⑭焼け

⑲ **1** ①れいだい・あらた　②けんせん・しん　③たね・ち　④たよ・つた
2 ①一億円・借りる　②材木・焼ける　③佐賀・働く　④貨物・栃木　⑤児童・仲

⑳ **1** ①やまなしけん・うめ　②きかい・い　③そくめん・ひょうご
④ふきん・まつ
2 ①電灯・名札　②勝敗・積む
③低下・前兆　④伝言・一種
⑤北極・気候

㉑ ①にいがたけん ②がた ③な
④な ⑤ぎょせん ⑥たいりょう
⑦なお ⑧じちたい ⑨おさ
⑩しがけん ⑪きよ ⑫せいりゅう

ポイント ⑫「清流」の反対語は、「濁流《だくりゅう》」です。

㉒ ①滋賀 ②漁業 ③泣く ④新潟
⑤治る ⑥清書 ⑦泣き ⑧潟
⑨漁 ⑩清い ⑪治める ⑫治安
⑬漁場 ⑭清らか

ポイント ⑫「治安」の意味は、「国や社会の整った状態《じょうたい》がたもたれていること」です。

㉓ ①あさ ②おき ③おき ④ほう
わ ⑤ほうがい ⑥み ⑦まんか
い ⑧みずあ ⑨かいすいよく
⑩つめ ⑪ひ ⑫れい

ポイント ⑤「法外」の意味は、「通常《つうじょう》の限度《げんど》をこえている様子」です。

㉔ ①冷たい ②満足 ③法事 ④沖
⑤寒冷 ⑥浅い ⑦満ちる ⑧沖
合 ⑨浴びる ⑩浅 ⑪作法
⑫浴室 ⑬冷える ⑭満員

㉕ ①かくじ ②かくし ③きぐ
④きかい ⑤しかい ⑥ししょ
⑦まわ ⑧いっしゅう ⑨こめぐ
ら ⑩そうこ ⑪めいれい ⑫ご
うれい

㉖ ①行司 ②受話器 ③各地 ④倉
⑤司令 ⑥楽器 ⑦周知 ⑧各駅
⑨周り ⑩倉 ⑪上司 ⑫法令
⑬食器 ⑭一周年

ポイント ⑦「周知」の意味は、「広く知れわたること」です。

㉗ ①あんない ②あん ③さか ④え
いこう ⑤は ⑥かじつ ⑦はなた
ば ⑧そく ⑨すえ(まつ)
⑩しゅうまつ ⑪みらい ⑫みてい

㉘ ①末期 ②栄える ③案外 ④未
開 ⑤束 ⑥末 ⑦果たす ⑧栄
⑨果 ⑩束ねる ⑪未 ⑫答案
⑬果て ⑭一束

ポイント ⑪「未然にふせぐ」とは、まだそうならないうちにふせぐということです。

㉙ ①きゅうしょく ②げっきゅう
③むす ④しゅうけつ ⑤おきな
わけん ⑥なわ ⑦つづ ⑧じぞ
く ⑨やく ⑩ようやく ⑪かなめ
⑫じゅうよう

ポイント ②「月給」の意味は、「月ごとに決められた給料《きゅうりょう》」です。

㉚ ①続 ②沖縄 ③結末 ④給水車
⑤続き ⑥約束 ⑦縄 ⑧要点
⑨配給 ⑩結ぶ ⑪集約 ⑫要
⑬終結 ⑭続ける

㉛ ①とも ②きょうどう ③じてん
④ひょうご ⑤しゅっぺい ⑥と
⑦ひこうき ⑧む ⑨ぐんま
⑩たいぐん ⑪やしな ⑫よういく

㉜ ①群馬 ②共 ③兵力 ④祭典
⑤飛ぶ ⑥群集 ⑦共有 ⑧養う
⑨式典 ⑩飛来 ⑪兵器 ⑫養分
⑬群れ ⑭共感

ポイント ⑥「群集心理」とは、人が集まったときに生まれる心理のことです。

㉝
1 ①りょう・おき ②しょっき・せいりゅう ③ちあん・めいあん ④にいがた・かいすいよくじょう
2 ①滋賀・満足 ②古典・続ける ③約束・結果 ④命令・兵 ⑤司会・未定

㉞
1 ①ひこうき・おきなわ ②かくち・たいぐん ③な・まわ ④げつまつ・じぞく
2 ①倉庫・冷たい ②共・栄光 ③浅い・方法 ④清らか・養う ⑤給水車・重要

㉟
①おかやまけん ②ふくおかけん ③ぶんきろ ④ぎふけん ⑤ながさきけん ⑥みやざきけん ⑦きご ⑧うき ⑨とうき ⑩しき ⑪まご ⑫しそん

㊱
①孫 ②岐阜 ③長崎 ④孫 ⑤岡山 ⑥季語 ⑦岡 ⑧子孫 ⑨四季 ⑩宮崎 ⑪分岐 ⑫福岡 ⑬季 ⑭岐路

㊲
①か ②かちょう ③かいぎ ④ぎだい ⑤くん ⑥きょうくん ⑦こころ ⑧しさくひん ⑨と ⑩しょうせつ ⑪たいけん ⑫じっけん

㊳
①議決 ②試み ③験 ④試合 ⑤受験 ⑥説明文 ⑦課外 ⑧訓話 ⑨説く ⑩日課 ⑪議員 ⑫訓練 ⑬学説 ⑭試みる

㊴
①がい ②じつがい ③かんぜん ④かんそう ⑤がいこうかん ⑥ちょうかん ⑦こうさつ ⑧と ⑨とやまけん ⑩ぷ ⑪しず ⑫あんせい

㊵
①完結 ②安静 ③富 ④上官 ⑤察 ⑥公害 ⑦静まる ⑧察 ⑨器官 ⑩害虫 ⑪静けさ ⑫未完 ⑬富む ⑭害

㊶
①くまもとけん ②くまで ③て ④しょうごう ⑤てんねん ⑥しぜん ⑦あつ ⑧ねっしん ⑨な ⑩むじんとう ⑪のこ ⑫ざん

㊷
①照れる ②熊本県 ③残す ④熱中 ⑤熊 ⑥当然 ⑦対照 ⑧熱い ⑨残業 ⑩無用 ⑪天然 ⑫熱 ⑬照らす ⑭無い

ポイント ⑦「対照的《てき》」の意味は、「ちがいがとてもはっきりしている様子」です。

㊸
①えら ②せんしゅつ ③たつじん ④でんたつ ⑤あた ⑥いっぺん ⑦つら ⑧れんじつ ⑨きょうそう ⑩けい ⑪あらそ ⑫せんそう

㊹
①競争 ②選手 ③上達 ④周辺 ⑤連なる ⑥争点 ⑦配達 ⑧選ぶ ⑨争う ⑩競馬 ⑪辺り ⑫連続 ⑬選定 ⑭連なり

㊺
①くわ ②かねつ ③こう ④こうみょう ⑤つと ⑥どりょく ⑦いさ ⑧ゆうき ⑨ろうどう ⑩しんろう ⑪とな ⑫あんしょう

ポイント ③「功を奏《そう》する」の意味は、「成功する・効果を出す」です。

46 ①勇ましく ②加工 ③合唱 ④労力 ⑤勇む ⑥加える ⑦努める ⑧功 ⑨勇者 ⑩苦労 ⑪唱える ⑫努力 ⑬加入 ⑭年功

47 ①きょうどう ②きょうかい ③そつぎょう ④しんそつ ⑤はくがく ⑥はく ⑦きしょう ⑧き ⑨せき ⑩お ⑪おび ⑫れんたい

ポイント ⑧「希求《ききゅう》」の意味は、「強く願《ねが》い求《もと》めること」です。

48 ①博 ②帯びる ③協定 ④希 ⑤熱帯 ⑥万国博 ⑦協調 ⑧出席 ⑨希少 ⑩博物館 ⑪卒園式 ⑫空席 ⑬帯 ⑭卒業

49 **1** ①かんしょう・こうろうしゃ ②あた・あらそ ③がっしょう・しず ④しぜん・しき
2 ①希・努力 ②協力・害虫 ③長崎県・残り ④無人・照らす ⑤卒業・外交官

50 **1** ①ふくおかけん・せつめい ②まご・ぎふけん ③しゃく・じっけん ④ぎちょう・えら
2 ①熊・考察 ②上達・競い ③富山・満員 ④訓話・熱心 ⑤日課・連続

51 ①いばら ②いばら ③えいご ④えいこく ⑤め ⑥はつが ⑦げい ⑧げいとう ⑨な ⑩やさい ⑪もと ⑫きゅうしんりょく

52 ①青菜 ②求める ③文芸 ④茨 ⑤芽 ⑥要求 ⑦茨 ⑧英会話 ⑨菜園 ⑩学芸会 ⑪英気 ⑫菜種 ⑬求 ⑭発芽

ポイント ⑦「茨の道」は、「苦労や困難《こんなん》の多い人生」のたとえとして使われることが多いです。

53 ①しお ②しお ③しょくえん ④さいたまけん ⑤じょう ⑥みやぎけん ⑦たいれつ ⑧にゅうたい ⑨ぶたい ⑩おおさか ⑪りくち ⑫ちゃくりく

54 ①塩水 ②上陸 ③部隊 ④塩分 ⑤大陸 ⑥埼玉 ⑦茨城 ⑧城 ⑨大阪 ⑩塩 ⑪隊員 ⑫陸上部 ⑬楽隊 ⑭塩田

ポイント ⑭「塩田」とは、海水から塩をとるために海辺に作るものです。

55 ①あいよう ②あい ③ねん ④にゅうねん ⑤かなら ⑥ひつよう ⑦せいじん ⑧せいちょう ⑨たたか ⑩せんしゃ ⑪しか ⑫かごしまけん

56 ①残念 ②必然 ③博愛 ④成 ⑤戦争 ⑥必ず ⑦記念品 ⑧戦国 ⑨鹿児島県 ⑩成功 ⑪愛犬 ⑫戦う ⑬必勝 ⑭信念

ポイント ②「必然」の意味は、「必ずそうなる様子」です。反対語は「偶然《ぐうぜん》」です。

57 ①けんこう ②しょうこう ③ぞこ ④ちてい ⑤ふりつ ⑥きょうとふ ⑦ねが ⑧ひがん ⑨じゅんばん ⑩じゅんろ ⑪たぐ ⑫るい

ポイント ②「小康」の意味は、「落ち着いている状態《じょうたい》が続いていること」です。

58 ①底 ②種類 ③健康 ④願う ⑤順調 ⑥類い ⑦府 ⑧小康 ⑨都道府県 ⑩願書 ⑪筆順 ⑫海底 ⑬底力 ⑭魚類

59 ①す ②さつ ③ふくいいんちょう ④ふくどくほん ⑤わか ⑥べつじん ⑦りはつ ⑧りき ⑨はじ ⑩しょしん ⑪かた ⑫こたい

60 ①固まる ②利用 ③刷新 ④副作用 ⑤利点 ⑥別れる ⑦初日 ⑧固有 ⑨副業 ⑩刷る ⑪初めて ⑫区別 ⑬利子 ⑭固い

61 ①えひめけん ②す ③この ④あいこうか ⑤うしな ⑥しっぱい ⑦ならけん ⑧かながわけん ⑨おっと ⑩ふじん ⑪よ ⑫りょうしん

62 ①友好 ②失点 ③好み ④夫 ⑤好き ⑥改良 ⑦奈良 ⑧愛媛 ⑨水夫 ⑩良い ⑪神奈川 ⑫失う ⑬良好 ⑭失業

63 ①くだ ②しけんかん ③わら ④わら ⑤ふし ⑥せつぶん ⑦す ⑧すだ ⑨たんげん ⑩たんご ⑪はくい ⑫いるい

64 ①単位 ②水道管 ③笑い ④巣箱 ⑤衣服 ⑥節約 ⑦笑う ⑧衣食住 ⑨単行本 ⑩管 ⑪巣 ⑫節 ⑬単調 ⑭節目

ポイント ⑩「管をまく」は、「つまらないことをくどくど言う」という意味の慣用句《かんようく》です。

65
1 ①せつど・りよう ②ふくさよう・はじ ③さいたまけん・ならけん ④おっと・いばらきけん
2 ①文芸・成立 ②英会話・単語 ③必ず・芽 ④大阪・別れた ⑤愛犬・健康

66
1 ①さつ・よ ②りくろ・かごしまけん ③せんそう・うしな ④やさい・この
2 ①笑い・類い ②巣・願う ③隊長・底 ④記念・求める ⑤順番・衣服

67 ①ちょっけい ②こうけい ③とろう ④しんと ⑤とくしまけん ⑥じんとく ⑦てかがみ ⑧きょう ⑨きろく ⑩とうろく ⑪か ⑫けっせきしゃ

68 ①記録 ②半径 ③生徒 ④徳 ⑤欠ける ⑥三面鏡 ⑦欠員 ⑧道徳 ⑨欠点 ⑩録音 ⑪徒競走 ⑫鏡 ⑬目録 ⑭徒歩

69 ①しめい ②しぞく ③みんぞく ④しみん ⑤ぐんか ⑥ぐんて

⑦わ　⑧しゃりん　⑨ふせい
⑩ふそく　⑪いがい　⑫いしんでんしん

ポイント　⑫「以心伝心」は、「言葉を使わなくても考えや気持ちが相手に通じること」という意味の四字熟語《じゅくご》です。

70
①指輪　②不運　③氏名　④国民
⑤軍人　⑥三輪　⑦氏族　⑧以前
⑨海軍　⑩以内　⑪民間　⑫不満
⑬輪　⑭民芸品

ポイント　⑦「氏族制度《せいど》」とは、血のつながった集団を単位とした、古代の社会制度です。

71
①とくじょう　②とくゆう　③ぼくじょう　④ぼくそう　⑤おぼ
⑥さ　⑦じかく　⑧かんさつ
⑨う　⑩さんち　⑪ふくいけん
⑫い

ポイント　⑫「井の中のかわず」は、「せまい考えや知識《ちしき》にとらわれて満足している様子」をたとえた故事《こじ》成語です。「井の中のかわず大海《たいかい》を知らず」ともいいます。

72
①特別　②感覚　③国産　④放牧
⑤覚える　⑥外観　⑦井戸　⑧福井県　⑨特色　⑩牧歌　⑪観光
⑫産む　⑬覚ます　⑭産業

73
①あ　②せんきょ　③お　④せっぱん　⑤ふうけい　⑥さくねん
⑦もっと　⑧さいご　⑨りょうり
⑩むりょう　⑪お　⑫ろうじんかい

74
①景気　②最大　③昨今　④挙手
⑤折る　⑥老化　⑦昨夜　⑧挙げる
⑨料金　⑩右折　⑪最も　⑫景品
⑬材料　⑭老いた

ポイント　⑤「ほねを折る」は、「苦労する・仕事に力をつくす」という意味の慣用句《かんようく》にもなります。

75
①ひょう　②しゅくじつ　③つつ
④ほうちょう　⑤しるし　⑥いん
⑦まい　⑧さんかしゃ　⑨か
⑩へんか　⑪めし　⑫ざんぱん

76
①変える　②朝飯前　③伝票
④祝福　⑤包む　⑥調印　⑦参考書　⑧投票　⑨変動　⑩印　⑪祝う　⑫赤飯　⑬包帯　⑭参る

ポイント　②「朝飯前」は、「とても簡単《かんたん》なこと」という意味の慣用句《かんようく》にもなります。

77
①はた　②き　③のぞ　④いちぼう　⑤さ　⑥た　⑦けん　⑧はぶ
⑨きせい　⑩かがわけん　⑪かお
⑫はいち

78
①建国　②望遠鏡　③千差　④反省　⑤旗　⑥香り　⑦置く　⑧大差　⑨国旗　⑩望む　⑪建てる
⑫省　⑬放置　⑭省く

79
①かしん　②じ　③ぐんぶ　④ぐん　⑤はか　⑥しょうりょう
⑦かか　⑧かんけい　⑨まと
⑩てきちゅう　⑪まちかど　⑫がいとう

ポイント　⑤重さや体積をはかる場合は「量る」、時間や数をはかる場合は「計る」と書きます。

⑧⓪ ①知的 ②世辞 ③大臣 ④大量 ⑤関所 ⑥的 ⑦街頭 ⑧家臣 ⑨辞表 ⑩量り ⑪関連 ⑫郡部 ⑬目的 ⑭関わり

⑧① 1 ①もっと・お ②せんきょ・とうひょう ③とくしまけん・かがわけん ④ぐんじん・しみん
2 ①直径・輪 ②望み・牧場 ③風景・変わる ④主観的・参考 ⑤家臣・以上

ポイント 2④「主観的」の反対語は、「客観的」です。

⑧② 1 ①さくねん・ふさく ②じてん・お ③とくべつ・ぶんりょう ④しめい・きろく
2 ①福井・徒歩 ②印・覚える ③赤飯・祝う ④老人・鏡 ⑤関わり・産業

⑧③ 1 ①ほうほう・べんり ②やまなしけん・やくそく ③ひつぜんてき・けっか ④あらた・せつめい
2 ①佐賀・気候 ②実験・成功 ③機器・完全 ④敗北・泣く ⑤労働・試みる

⑧④ 1 ①かっこく・だいじん ②とちぎけん・にいがたけん ③じかく・やしな ④めいれい・つた
2 ①清らか・満たす ②焼いた・熱い ③貨物・飛ぶ ④訓練・願う ⑤給食・最も

⑧⑤ 1 ①けんこう・にっこうよく ②ぐんたい・うしな ③おきなわけん・まご ④れい・あ
2 ①季節・変化 ②梅・散る ③材料・調達 ④漁船・積む ⑤児童会・参加

⑧⑥ 1 ①おおさかふ・きろく ②えいご・す ③はつが・かんさつ ④いばらきけん・さいたまけん
2 ①協力・建てる ②害・無い ③夫・信用 ④福岡・別れた ⑤生徒・松

⑧⑦ 1 ①ぶんげい・あい ②せんそう・しゅうけつ ③くまもとけん・かごしまけん ④がいとう・そくめん
2 ①希望・席順 ②卒業・祝う ③初めて・努力 ④辺り・車輪 ⑤治安・市民

⑧⑧ 1 ①ぎふけん・この ②やさい・さんち ③めいあん・わら ④ならけん・ぐんぶ
2 ①量る・単位 ②種類・印 ③試験管・冷えた ④香川・関心 ⑤課題・折れる

ポイント 2④「関心」の意味は、「興味《きょうみ》を持ち、気にかけること」。「感心」の意味は、「深く心に感じて、ほめるべきだと思うこと」です。